MISTERIOS DEL LIDERAZGO
Personalidad y Estilo

María Cristina Amado Hernández

Registrado en Safe Creative, el día 18 de julio de 2024, bajo el certificado n° 2407188715357.

www.safecreative.org

Acompañamiento, sugerencias, revisión y edición
Débora Weller, Coach de Escritura
www. deboraweller.com
debora@deboraweller.com

Todos los derechos están reservados.

Es un delito la reproducción parcial o total del contenido y de la portada de este Libro, su tratamiento informático, la transmisión de ninguna forma o por cualquier medio, ya sea electrónico o mecánico, por fotocopia, por registro u otros métodos, su préstamo, alquiler o cualquier otra forma de cesión de uso del ejemplar, sin el permiso previo y por escrito del titular del Copyright.

Únicamente se podrán reproducir párrafos parciales del mismo con la mención del título y de la autora.

Todos los derechos editoriales pertenecen exclusivamente a María Cristina Amado Hernández.

Copyright © 2024 por María Cristina Amado Hernández.

Publicación independiente.

Sitio Web: www.spark-tips.com
Email: mariacristina@spark-tips.com

Contenido

Todos los derechos están reservados. ... 5
INTRODUCCIÓN ... 9
IDENTIFICAR ... 15
Reflexión ... 18
Características de la Naturaleza Humana ... 19
Funciones Psicológicas: ... 21
Actitudes ... 22
Aspectos de la personalidad ... 25
¿Cómo identificar estas personalidades en los miembros del equipo? ... 30
   1. Observando ... 31
   2. Conversando ... 34
   3. Concluyendo ... 37
¿Qué debo cambiar para poder entender a otros? .. 39
Estilos de Liderazgo ... 42
Guerrero ... 49
Científico ... 51
Maestro ... 55
Influencer ... 57
¿Cómo cambiar de personaje? ... 59
Ejercicios para ser Guerrero ... 65
Ejercicios para ser Científico ... 67

Ejercicios para ser maestro 71
Ejercicios para ser Influencer. 75
Conclusión de este misterio. 79
Sobre la autora 81
Bibliografía 85

INTRODUCCIÓN

Recientemente, confirmé que mi pasión está en conocer la naturaleza comportamental del ser humano, para ayudar a orientar su desarrollo a SER:

- Mejor compañero de trabajo
- Líder de personas
- Padre o madre
- Diseñador de soluciones para consumidores

Esta pasión se comienza a gestar cuando observo cómo, en el colegio, me convierto en la fuente de consulta de mis compañeros, de sus dudas, problemas y cuestionamientos clásicos de esa edad, los que no tenían mucha respuesta porque no sabía qué decir, por eso solo escuchaba y aprendía.

Luego viene el tiempo y beneficio de la Universidad, en donde juré estar preparada y encantada con el mundo de los números, así que busqué hacer mis prácticas empresariales en el área financiera de uno de los hoteles más famosos de los años 90, del Siglo XX, en Bogotá.

Conté con la buena fortuna de encontrar a un profesional que me entrevistó y me confrontó con lo que yo creía que era mi destino, quien me ofreció la posibilidad de hacer mis prácticas en el área de marketing de la empresa, diciéndome (según recuerdo):

—Usted no sabe todavía el talento que tiene, permítase descubrirlo—.

Para mí, era un verdadero fastidio pensar en trabajar en un área en donde, según mi creencia de ese momento, se fabricaban mentiras para vender a la gente incauta.

Pues... ¡Tremenda experiencia me llevé trabajando ocho años para esta compañía, disfrutando del mundo de las ventas y del marketing!

Fue allí, en donde encontré a mis primeros maestros, que me empoderaron con conocimiento y me desafiaron a encontrar primero, recursos para llevar a cabo proyectos de pequeña envergadura, como el Diseño de Bases de Datos, y luego de talla mayor, como Diseño y Ejecución de Convenciones e Investigaciones de Consumidores y Clientes.

Entonces, mi deseo por conocer más al ser humano aumentó, así que, al finalizar mi carrera de Administración de Empresas Hoteleras y Turísticas, me especialicé en Psicología del Consumidor. Allí descubrí técnicas de investigación y aprendí a usar esa información para generar más consumo en diferentes tipos de productos y servicios.

Llevé a la práctica lo aprendido desempeñándome en las áreas de investigación y desarrollo de las empresas de servicios, en donde trabajé durante los siguientes catorce años.

En este tiempo, entrené y lideré equipos con mezclas de estilos, pensamientos y habilidades diferentes. Mi sentido por el cuidado del otro, se convierte en la característica principal de mi estilo de liderazgo.

En principio, no se me daba mucho eso de controlar, supervisar y mandar que me habían enseñado en la Universidad.

Mi naturaleza humana me llevaba más a reconocer y enseñar, pues me satisfacía ver que las personas, por el hecho de trabajar conmigo, podían tener una vida mejor y me complacía que les gustara estar en la oficina, porque encontraban allí un buen grupo de amigos y se podían desarrollar profesionalmente. En medio de lo que mi naturaleza me decía, estaban los desafíos de una organización competitiva que me invitaba a ser resolutiva, desafiante y calculadora, por sobrevivencia al entorno masculino en el que me encontraba. Este estilo me desgastaba mucho y me hacía sacar mi ser masculino, lo que si bien me benefició en el trabajo, tuvo consecuencias en mi vida familiar.

En medio de mi labor, algo constante, era ser invitada a dar entrenamientos de los equipos de trabajo en servicio, mercadeo y ventas. En ese camino, me encontré a un compañero que me dijo:

—Se te daría superfácil ser coach, ¿por qué no te formas en eso?—.

Y entonces, todo cambió para mí.

Esa era la pieza que me hacía falta, el territorio en el que realmente me sentía en mi mejor versión. Así que mezclé lo mejor de los mundos que había habitado en conocimiento y experiencia: marketing, ventas, investigación, liderazgo de equipos, facilitación de aprendizajes, coaching y algunos métodos de enseñanza, para entrenar a las personas adultas "en ser para hacer".

A continuación encuentras la revelación de uno de los misterios del liderazgo que se basa en entender algunos elementos básicos del conocimiento del ser humano y que es la perspectiva del mismo que mejor se aplica al contexto de las organizaciones.

IDENTIFICAR

"La mejor manera de hacer es ser".
Lao Tse

"Usted no está en el llavero", "lo malo de la rosca es no estar en ella". Estas son las expresiones que me encontré en algunos de mis trabajos, que daban explicación a situaciones como: porqué no había sido convocada a una reunión o no salía a eventos sociales con el grupo de líderes o no entendía las bromas que otros hacían.

¿Qué hay que hacer para ser incluido? ¿Cuál es el misterio?

Me lo pregunté varias veces. Por instinto, fui observando cómo se comportan estos grupos y personas, hasta que logré empatizar con uno de ellos, quien me llevó a facilitar mi integración con el equipo. Algunos, le llamaban a este personaje el padrino o el embajador y hoy le llamamos mentor.

Dos descubrimientos importantes hice en ese momento:

1. Hay personas con las que es más fácil trabajar que con otras.
2. Los líderes que me ayudaron a ser mejor persona y, en consecuencia, mejor profesional, son los que más recuerdo.

Ahora... ¿Qué hace que logremos más afinidad con unas personas que con otras? De nuevo, ¿cuál es el misterio?

Con el tiempo, las metidas de pata y el conocimiento adquirido, hice mi tercer descubrimiento: la naturaleza humana, esa de la que estamos hechos y que, desde mi perspectiva, la componen nuestro ADN, la biología, donde nacemos, cómo nos criamos, dónde y qué estudiamos y como nos vamos interpretando cada paso del camino de la vida, con base en estos aspectos, que son lo que nos convierten en la forma en la que cada uno observa el mundo, creando filtros que hacen que genuinamente, frente al mismo fenómeno, veamos cosas diferentes. Puedo ilustrarlo con el siguiente ejemplo:

Fui postulada para un cargo de liderazgo, pero eligieron a otra persona en mi lugar, quien se convirtió en mi jefe inmediato.

Mi primer observador fue: "No tengo tanta experiencia como la persona a la que eligieron".

El observador de mi pareja de ese momento, me dijo:

—Creo que tienes mejores habilidades que él, es porque no eres de la rosca, que no te eligieron—.

El observador de un compañero de quien fue elegido, señaló:

—Ya era hora de que le dieran una oportunidad a él, se lo merece—.

Cada uno de nosotros observaba la situación desde su naturaleza y, por supuesto, yo tenía más afinidad con la mirada de quienes estaban conmigo y a quienes les había dado el juicio de autoridad para hacerlo.

Pasé unos meses con mucho dolor, tristeza, enojo y frustración que me hacían lenta, poco participativa, limitada a hacer lo mínimo, hasta que me cansé de tanta mala vibra y comencé a acercarme a mi nuevo líder, reconociendo que este era su momento y que ya vendría el mío.

Reflexión

Entender y aceptar que somos diferentes y que desde esa diferencia podemos aprender y crecer, aunque me tomó unos años más, hoy me motiva a enseñar a otros, cómo llegar a mover nuestra forma de observar el mundo para abrirnos y aprovechar las posibilidades que se nos van presentando.

El primer paso, para entender estos misterios, es entender la naturaleza humana.

Características de la Naturaleza Humana

Tú, cuando has tenido la oportunidad de dirigir a un equipo para un proyecto específico, ¿cuántas veces has sentido que no conoces a los miembros del equipo lo suficiente como para inspirarles y llevarlos a la acción o que no entienden tus mensajes o que tienen una actitud negativa con el trabajo?

Es posible que esto no mejore del todo tu situación, pero estas suelen ser las pesadillas de algunos líderes que tampoco encuentran la forma de conectar con esas personas.

Freddy Kofman, en su libro "La Empresa Consciente"[1], menciona: "Los seres humanos son seres sociales, y para comprometerse de lleno con la organización, necesitan sentirse aceptados, respetados, apoyados, reconocidos e incentivados (y ser puestos a prueba)".

¿Y CÓMO logro eso desde mi liderazgo?

---

[1] La empresa consciente – Fredy Korfam, Pag 51, 2013, Ed Aguilar.

Conocer a las personas, entenderlas y aceptarlas, se convierte en una de las habilidades que todo líder debe desarrollar, esto sumando a la capacidad de observarse a sí mismo como un ser humano que pertenece a la comunidad que lidera, en la que ejerce una responsabilidad específica de resultados en la organización, con la menor cantidad de gastos y deserciones en el proceso.

Para conocer a las personas desde su perspectiva comportamental, existen en el mercado una gran variedad de métodos que facilitan conocer las personalidades de cada miembro del equipo, entre ellas están:

- DiSC[2]
- Discovery Insight
- Bezinger
- Myers Briggs (MBTI)

Te refiero a 16 Personalities, que es uno de los test gratuitos que se encuentran *online*, en caso de que desees darle una mirada panorámica a tu perfil[3].

---

[2] https://www.truity.com/test/disc-personality-test

[3] https://www.16personalities.com/es/test-de-personalidad

Dichas pruebas están fundamentadas en los estudios iniciales de Carl Jung, sobre las personalidades. Uno de sus primeros trabajos que refleja este resultado, fue hecho en 1921, bajo el nombre de "Tipos Psicológicos"[4].

Las características observadas por Jung en sus estudios sobre el comportamiento humano, son las siguientes:

Funciones Psicológicas:

Perceptivas – Irracionales

- Sensación
- Intuición

Las percepciones son registradas por nuestro cerebro a través de la amígdala (ubicada dentro del sistema límbico), producto de la interacción de nuestros sentidos (oído, tacto, gusto, vista y olor) con los estímulos del exterior (sonidos, texturas, sabores, colores y olores).

---

[4] Tipos Psicológicos – Carl Jung, sexta edición

En algunas ocasiones, no somos conscientes del registro de las mismas, pero nuestro cuerpo sí recuerda, por ejemplo, en mi caso: a través del olor a una taza de café fresco, dándome la sensación de sentirme acogida y tranquila.

Juzgadoras-Racionales

- Pensamiento
- Sentimiento

Los pensamientos y sentimientos se producen en la corteza frontal del cerebro, en donde creamos nuestro mundo interpretativo, producto de nuestra genética, donde nacimos, crecimos, nos educamos, con quienes nos rodeamos en nuestra vida, lo que leemos, la cultura a la cual pertenecemos.

Actitudes

- Introversión
- Extraversión

Están relacionadas con nuestra biología corporal.

Hipócrates (médico prestigioso en la antigua Grecia) las describió como humores (bilis negra, biblias amarilla, flema y sangre) y su teoría menciona que el desequilibrio de ellos se refleja en una enfermedad.

Posteriormente, Galeno los desarrolla y describe que existen 4 tipos de temperamento: sanguíneo (disfrute, intensidad), colérico (resolución, acción), melancólico (análisis, perfección) y flemático (solidaridad, valores).

Dada esta relación biológica, podemos asociar dichos temperamentos con las actitudes así:

Extrovertidos - Colérico y sanguíneo
Introvertidos - Melancólico y flemático

Mientras leías, seguramente pudiste ver que algunas de estas características de la naturaleza humana están más marcadas en ti, si bien tenemos de todas ellas un poco, es natural que veamos unas con mayor intensidad en nuestra forma de comportarnos.

Aspectos de la personalidad

Basada en las pruebas que he aplicado en mi labor como consultora y coach ejecutiva, y en la relación de estos estilos de liderazgo, a continuación describo aspectos de la naturaleza humana, que conectaré con su funcionalidad en los equipos de trabajo y con la caracterización de los estilos de liderazgo.

Dichos estilos tienen como fundamento, dos patrones de comportamiento relacionados con nuestra forma de ver y de actuar con el mundo.

1. Nuestra forma de ver el mundo.

Internamente, cada uno de nosotros tiene un filtro a través del cual observa los fenómenos que suceden a su alrededor, por ejemplo:

Te enteras de que tú o tu pareja está embarazada.

¿Qué es lo primero que te sucede?:

1. Piensas:

¿Cuánto debo presupuestar? ¿Qué riesgos tiene tener un hijo? ¿Cuánta privacidad voy a perder? ¿Cuántos metros cuadrados de la casa necesitará esa nueva criatura?

2. Sientes:
Ternura, alegría, cuidado, protección, cariño, sin pensar en las consecuencias de lo que va a pasar.

Otro ejemplo:
Te anuncian que puedes postularte a una nueva posición en la empresa:

¿Qué es lo primero que te sucede?:

1. Piensas:
¿Cuántas personas se postularon? ¿Cuál será el salario? ¿En dónde está el perfil de ese cargo?

2. Sientes:
Entusiasmo, te fijas en las oficinas en que estarías ejerciendo ese cargo, preguntas por quienes son los que forman el equipo de trabajo.

Algunas personas tienden a ver el mundo desde la razón. Datos, hechos, información, ver para creer, todo tiene sentido si es tangible, si hay gráficas, estadísticas e indicadores.

Otras observan el mundo desde sus emociones y sensaciones, olores, sabores, colores, texturas, es lo que le da sentido a su forma de percibir. Para describir lo que observan, utilizan palabras como: me gusta, no me gusta, me da buena vibra, no siento química.

¿Desde dónde percibes tú el mundo?

2. Nuestra forma de interactuar con el mundo.

Cuando se trata de interactuar con el mundo, a través de nuestras relaciones con otros o de las acciones que emprendemos para modificarlo, exteriorizamos lo que percibimos, por ejemplo:

Tu primera reunión de equipo, cuando llegas a uno nuevo.

Es posible que tú seas de las personas dan su punto de vista sin que les pidan su participación, se hacen notar con una broma o simplemente complementan lo que se está diciendo.

O puedes ser, por el contrario, de las que no opinan en esta reunión, se limitan a observar, escuchar, tomar nota, llevar sus reflexiones internamente. Si les preguntan, por supuesto que responden, aunque es posible que mencionen que prefieren dar su opinión al final o en otro momento.

¿Con cuál de las dos te identificas?

Aquí te pongo otro ejemplo:

Te cierran en la calle cuando vas conduciendo.

Entonces tú...

- Te expresas con todo tu ser, con palabras, movimientos de las manos, gritos, gestos, desahogando tu molestia o embistiendo al otro conductor.

O, por el contrario, tú...

- Frenas y respiras profundo, sin manifestar lo que sientes, tu cuerpo percibe la tensión del momento y te quedas con esto almacenado.

En estos casos, vemos la presencia de la Extroversión en quienes tienen la necesidad apremiante de expresar con palabras, movimientos o gestos, lo que están sintiendo y, por otro lado, la presencia de la Introversión, en quienes se sienten mejor esperando a que pase el momento para expresarse después, cuando estén más en confianza.

En este momento, cuentas con los elementos para identificar si tu personalidad tiene, en principio y en mayor proporción, un par de las siguientes características:

Observa el Mundo	Interactúa con el Mundo	Marca con X
Razón	Introversión	
Razón	Extroversión	
Emoción	Introversión	
Emoción	Extroversión	

Te sugiero que coloques una X con el par de características que te sientas más identificado o identificada.

Las características identificadas que corresponden a tu naturaleza humana, determinan de manera inconsciente, el tipo de liderazgo que ejerces, aún sin tener mayor formación sobre cómo liderar a personas y equipos.

¿Cómo identificar estas personalidades en los miembros del equipo?

Descubriendo la manera en la que estas características se ven reflejadas en tu forma de observar el mundo y entrar en interacción con él, adquieres un mejor criterio para observarlas en otras personas de tus círculos de relacionamiento, como por ejemplo: miembros de tu familia, amigos o personas del equipo de trabajo.

Recuerda que entenderlas y aceptarlas, te permitirá ser empático para tratarlas como quieren ser tratadas y que, de esta manera, puedes construir relaciones más sanas y prósperas para la vida y tu organización.

Para conocer conscientemente, en este caso, a los miembros de tu equipo de trabajo, te sugiero tres formas de hacerte consciente:

1. Observando
2. Conversando
3. Concluyendo

1. Observando

Elige a la persona que deseas descubrir o reconocer con mayor claridad.

Escribe un diario en donde registres, por un lapso de mínimo una semana a un máximo de tres, los aspectos que te menciono a continuación sobre la persona observada.

Crea un encabezado que contenga : su nombre, la fecha en la que haces tu observación, el lugar en donde estarás llevando a cabo tus observaciones y la hora. Esta información te permitirá tener claro el contexto en el que se dieron sus comportamientos.

Durante el tiempo de tus observaciones, enfócate y registra los siguientes aspectos: expresión corporal y facial, emoción manifestada, frases textuales que dice, ritmo de sus movimientos y lenguaje. Asegura que tus escritos sean lo más descriptivos posible, pues se trata de que narres lo que observas y NO lo que interpretas, por ejemplo:

Expresión facial:

SI…. Sus ojos se ven pequeños, los labios se ven encorvados hacia abajo, las cejas están hacia abajo.
NO... En su cara se ve, que no le gustó lo que le dijeron.

Para facilitar la captura de esta información, te adjunto un formato que puede servirte de guía:

Conociendo a mi Equipo
Diario de Observación

Nombre Observado:	
Lugar:	
Fecha:	
Hora:	

Expresión Corporal:

Expresión Facial:

Emoción Manifestada:

Frases Textuales que dice:

Ritmo de sus movimientos:

Ritmo de su lenguaje:

2. Conversando

No es suficiente con observar el comportamiento de las personas, pues interactuar con ellas nos regala información adicional que complementa o cambia lo que vemos.

Las conversaciones transforman nuestra realidad, después de tener una charla con una persona, verás que algo de tu mirada sobre ella y sobre el mundo que observas, se transforma.

A mi juicio, el valor de dichas conversaciones radica en el asunto del que conversamos, las preguntas que nos hacemos y resolvemos juntos, la escucha activa que nos hace presentes en cuerpo y emoción para comprender el mundo del otro.

Para conocer y profundizar más en ese conocimiento de tus miembros de equipo, en adición a lo que observes, puedes invitar a la persona a una conversación. Para ello, asegúrate de:

- Elegir un lugar cómodo para los dos, idealmente, fuera de la oficina.

- Definir el espacio de tiempo que vas a dar a esta conversación, mínimo 30 minutos, máximo 2 horas.
- Comunicar al invitado sobre el objetivo de la conversación.
- Acompañar la conversación con un buen café o una bebida hidratante o algo de comer, si lo consideras pertinente.
- Iniciar la conversación explicando el objetivo de la misma y lo que te motiva a conocerlo, pidiéndole permiso para hacerle preguntas o para hacerse preguntas mutuamente.

A continuación, te dejo algunas preguntas de referencia, que ayudan a conocer mejor las diferentes personalidades. Tú eliges las que te funcionen o diseña las que consideres útiles.

Preguntas rompehielos

Son las que permiten entrar en un espacio de confianza, en la medida en la que comparten mutuamente las respuestas.

- ¿Qué te encanta?
- ¿Qué odias?
- ¿Qué te gusta hacer en tu tiempo libre?

- ¿Cuál es tu película favorita?
- ¿Cuál es tu libro favorito?
- ¿Cuál es tu personaje favorito?
- ¿Qué tipo de música te gusta?

Preguntas para descubrir

Tienen un nivel de profundidad sobre las anteriores y te permiten reconocer sus motivaciones y temores:

- ¿Qué es lo que más valoras?
- ¿Con cuál tipo de personas te gusta relacionarte?
- ¿Con cuál tipo de personas no te gusta relacionarte?
- ¿Qué te hace feliz?
- ¿A qué le tienes miedo?
- ¿Qué te hace enojar?

Preguntas para profundizar en un aspecto

Cuando sientas que el espacio de confianza está creado y que la conversación fluye, puedes comenzar a profundizar en el aspecto que consideres pertinente:

- ¿Cuáles son tus metas para este año o los próximos 5 años?
- ¿Cuál es tu propósito de estar aquí?
- ¿Qué necesitas para lograr lo que tienes como propósito o meta?
- ¿Cuál es tu rasgo de personalidad más notorio?
- Si se te da la oportunidad de faltar al trabajo por un día, ¿cómo pasarías el día entero?

Cierra la conversación agradeciendo el momento y garantizando que la información compartida corresponde a ese espacio de crecimiento mutuo.

3. Concluyendo

Después de tomar nota de lo observado y lo conversado, puedes concluir con base en los patrones comportamentales, si la persona observada es más extrovertida o introvertida en su forma de relacionarse con su entorno y, por otro lado, si observa el mundo desde el pensamiento o desde el sentimiento.

En la tabla adjunta, encuentras algunos elementos de referencia que te ayudarán a identificar esas características, posterior a tus investigaciones.

Aspectos	Extroversión	Introversión	Razón	Emoción
Expresión Corporal	Mueve su cuerpo para hablar.	No mueve su cuerpo para hablar.	Marca distancia corporal. Es menos kinestésico.	Se acerca corporalmente. Es más kinestésico.
Expresión facial	Expresiva	Neutral	Mueve los ojos hacia arriba buscando información.	Se les notan las emociones en la cara
Emoción manifestada	Enojo o alegría o alguna de las asociadas a estas dos.	Tristeza o miedo o alguna de las asociadas a estas dos.	Enojo o miedo o alguna de las asociadas a estas dos.	Tristeza o alegría o alguna de las asociadas a estas dos.
Frases textuales	Cortas y a veces inconclusas.	Largas y explicativas, hace preguntas.	Contienen datos hechos, cifras.	Describe símbolos, emociones, habla con metáforas.
Ritmo de sus movimientos	Alto	Pausado	Está determinado por su forma de interactuar extrovertida o introvertida	Está determinado por su forma de interactuar extrovertida o introvertida
Ritmo de su lenguaje	Alto	Pausado	Está determinado por su forma de interactuar extrovertida o introvertida.	Está determinado por su forma de interactuar extrovertida o introvertida.

Al finalizar este ejercicio reflexiona sobre lo que descubres, a través de conocer a las personas de tu equipo, familia o amigos.

¿Qué debo cambiar para poder entender a otros?

A partir de este reconocimiento, seguramente fue más fácil para ti, conocer a unas personas que a otras. Normalmente, nos cuesta más trabajo con aquellas que no nos gusta relacionarnos. Verás que, en la práctica, se trata de las que son completamente opuestas a ti, por ejemplo si eres razon-introversión, te será más desafiante entender o aceptar a las que son emoción-extroversión, lo cual es apenas lógico si observan el mundo y se relacionan con él de maneras diferentes.

Entonces, ¿cómo haces para relacionarte mejor con esas personas y, sobre todo, porque los resultados del equipo te lo exigen, en adición a que contribuye a tu salud mental?

Si es de tu interés hacer un cambio, continúa leyendo estas propuestas que te hago y comienza a practicar, al menos con una de ellas por semana, cada vez que converses con alguien que está del lado opuesto al tuyo.

Para una mejor relación de la razón con la emoción:

- Sonríe.
- Saluda de manera familiar.
- Acércate físicamente.
- No completes sus frases.
- Menciona lo que tú valoras.

Para una mejor relación de la emoción con la razón:

- Sé directo.
- Saluda formalmente.
- Mantén distancia física.
- Describe con datos y hechos.
- Reconoce que, aunque no muestre su emoción, no es personal.

Para una mejor relación de la extroversión con la introversión:

- Elige una página de tu libro favorito y busca un lugar cómodo en donde puedas leerlo en voz baja y lentamente, como si estuvieses narrando a un niño. Siente tu respiración y déjate seducir por el ritmo lento de la lectura.

- Cuando estés haciendo una tarea cotidiana de casa, como hacer tu cama o lavar los trastes, sé consciente por unos minutos de los sonidos del agua, la temperatura de la misma, las luces y sombras del lugar en donde estás, el roce del aire en tu piel. Puedes empezar con un minuto de esta observación e ir aumentando.
- En las conversaciones, haz preguntas y espera a la respuesta, respeta los silencios y dedica más tiempo del que sueles dedicar a las conversaciones.

Para una mejor relación de la introversión con la extroversión:

- Aumenta tu ritmo cardiovascular, con una caminata de 15 minutos a paso rápido o lanzando puños al aire al ritmo de un rock o de percusiones.
- Expresa tu pensamiento o emoción con palabras.
- Escribe, si es preciso, antes de hablar.
- Relaja tu postura corporal.
- Cuándo tengas dudas, pregunta.

Si llevas a la práctica un solo cambio, observarás cómo el otro también cambia, por el solo hecho de que tú te relaciones distinto, es sorprendente y dejará de ser un misterio para ti el cómo relacionarte con otros. Puedes iniciar con la familia o los amigos y luego llevarlo al campo de trabajo.

A continuación, descubrirás cómo esto se relaciona con tu estilo de liderazgo y las características que tienes hoy para conducir equipos de trabajo.

Estilos de Liderazgo

"Los verdaderos líderes son los que hacen todo lo posible para que lo imposible se haga realidad".

Sandra Ocampo - Coaching de Vida

En mi experiencia de trabajo con líderes de equipos por más de veintidós años, observo que las características de cada personalidad están directamente relacionadas con el estilo de liderazgo que ejercen, les aparecen de manera natural, casi intuitiva, es el camino más fácil, lo que ya tienen aprendido.

A partir de esta conexión, me surgen nombres de personajes, cada uno con características de comportamiento diferentes, quienes en su rol de liderazgo dirigen al equipo, se comunican y toman decisiones desde su forma particular de ver el mundo.

Para avanzar en este misterioso mundo del liderazgo y, si es de tu interés, seguir conociéndote y conocer a otros líderes, te invito a elegir la respuesta que mejor describa tu comportamiento frente a cada una de las cinco situaciones que te planteo a continuación:

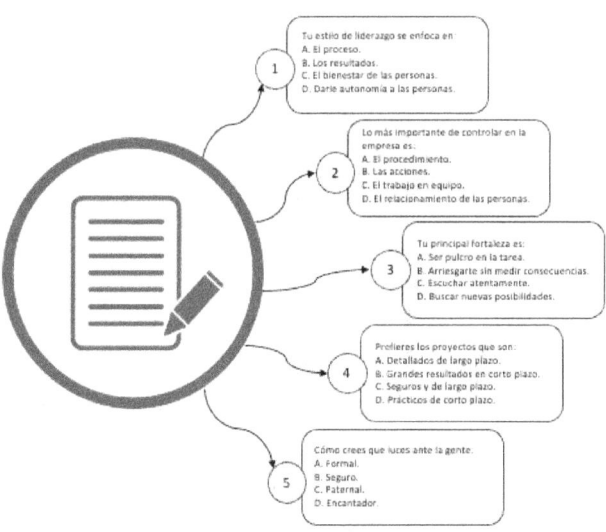

1. Tu estilo de liderazgo se enfoca en
   A. El proceso.
   B. Los resultados.
   C. El bienestar de las personas.
   D. Darle autonomía a las personas.

2. Lo más importante de controlar en la empresa es:
   A. El procedimiento.
   B. Las acciones.
   C. El trabajo en equipo.
   D. El relacionamiento de las personas.

3. Tu principal fortaleza es:
   A. Ser pulcro en la tarea.
   B. Arriesgarte sin medir consecuencias.
   C. Escuchar atentamente.
   D. Buscar nuevas posibilidades.

4. Prefieres los proyectos que son:
   A. Detallados de largo plazo.
   B. Grandes resultados en corto plazo.
   C. Seguros y de largo plazo.
   D. Prácticos de corto plazo.

5. Cómo crees que luces ante la gente.
   A. Formal.
   B. Seguro.
   C. Paternal.
   D. Encantador.

En la siguiente tabla, encontrarás la revelación de ese personaje que caracteriza tu estilo de liderazgo dominante y los otros que lo acompañan, con base en las respuestas que marcaste anteriormente.

	Estilos de Liderazgo			
Comportamientos	A. Científico	B. Guerrero	C. Maestro	D. Influencer
1. Tu estilo de liderazgo se enfoca en:	El proceso	Los resultados	El bienestar de las personas	Darle autonomía a las personas
2. Lo más importante de controlar en la empresa es:	El procedimiento	Las acciones	El trabajo en equipo	El relacionamiento de las personas
3. Tu principal fortaleza es:	Ser pulcro en la tarea	Arriesgarte sin medir consecuencias	Escuchar atentamente	Buscar nuevas posibilidades
4. Prefieres proyectos que son:	Detallados de largo plazo	Grandes resultados en corto plazo	Seguros y de largo plazo	Prácticos de corto plazo
5. Cómo crees que luces ante la gente:	Formal	Seguro	Paternal	Encantador

En los resultados, puedes observar que tienes un estilo de liderazgo natural, que es el marcado por la cantidad de respuestas que diste de una misma letra, tres o más. También, tienes características de los otros perfiles en proporciones diferentes, lo cual además de ser un complemento, representa una gran oportunidad.

Cada uno de estos estilos de liderazgo tiene fortalezas y debilidades, aunque no existen los buenos o los malos, sino los que son efectivos o no-efectivos.

Solemos mostrar las fortalezas de nuestro liderazgo, cuando actuamos en entornos que nos dan confianza, en donde nuestros valores y propósitos comulgan con la organización y con el equipo de trabajo, pero cuando nos sentimos amenazados o vulnerados, exponemos nuestras debilidades, las cuales ponen en riesgo la efectividad de nuestro liderazgo.

En adición a las características propias del estilo de liderazgo, debemos tener en cuenta que, para su buen desempeño, las organizaciones en los mercados y entornos se ven desafiadas constantemente a hacer cambios. En esta era, por ejemplo, tenemos dos fuertes influencias externas:

- La cultura digital.
- Los cambios en la oferta laboral.

La influencia del desarrollo tecnológico va más deprisa que nuestra capacidad de asimilarlo, invitándonos a aprender nuevas formas de hacer el trabajo, usando los beneficios de la cultura digital en la gestión de los negocios, las tareas y el tiempo.

Los cambios en la oferta laboral, también nos retan. La generación Y o Millennials (nacidos entre 1981 y 1996), representa el 23 % de la población mundial laboral, mientras que, de la generación Z (nacidos entre 1997 y 2012), se espera que constituya aproximadamente al 27-30% de la fuerza laboral global (Open AI, 2024).

Las dos generaciones tienen unas expectativas diferentes a las de sus líderes y entornos laborales.

Los efectos de estas influencias en el liderazgo son:
- Las personas, en los equipos de trabajo, piden nuevos estilos de liderazgo que se adapten a las generaciones.
- La implementación de estrategias de gestión que hagan buen uso de las tecnologías, requiere que variemos nuestro estilo de acuerdo con las circunstancias que dicho desafío representa.

Por lo tanto, la formación en el estilo de liderazgo, que facilite la gestión de los equipos de trabajo para el cumplimiento de metas de los nuevos entornos, se puede dar en tres pasos:

1. Reconocer el estilo personal.
2. Entender su función y la pertinencia del mismo para cada circunstancia.
3. Aceptar los otros estilos y desafiarse a aprender de los mismos.

Todo esto, para asumir las tendencias de un entorno digital y de la oferta laboral de nuevas generaciones.

A continuación, describo las características de cada perfil que asocie a un personaje y resumo, en una gráfica, el potencial que cada uno de los estilos tiene.

Guerrero

El estilo del guerrero es el más común en las organizaciones tradicionales, en donde se hace lo que una persona comanda al resto del grupo.

Es fácil de ejercer por personas con mayor ascendencia en su pensamiento y extroversión, estas características hacen que se comuniquen fácilmente en versiones cortas y rápidas, gusten de la velocidad alta en las acciones, tengan foco en el resultado y se fijen más en los datos y en los hechos que en las relaciones.

Las vemos seguras de sí mismas, no suelen pedir ayuda, y mucho menos disculpas, cuando se equivocan. Les gusta mandar y sentir que son dueñas de sus procesos y acciones, tienen su mirada puesta en la meta más que en el proceso.

Este estilo es exitoso cuándo se trata de dar dirección y seguridad al equipo sobre el cumplimiento de objetivos, se busca tener grandes resultados a corto plazo y quiere lograr metas que parecen inalcanzables.

GUERRERO

Su foco está en el objetivo, busca resultados rápidos, entiende más razones que emociones, se muestra resolutivo y supera obstáculos con facilidad, le molesta perder el poder, controla las acciones cotidianas, se arriesga sin medir consecuencias, los proyectos de gran resultado y corto plazo son sus favoritos y luce seguro.

COMPORTAMIENTO
- Lejano
- Serio
- Pocos amigos
- Fuerte
- Extrovertido

HABILIDADES
Resolución, rapidez, confianza, sintetizar, expresar

DEBILIDADES
No empodera, habla clave morse, luce rudo, lenguaje hostil, se enoja con facilidad.

PUEDE HACERSE CARGO CON FACILIDAD
- Tratar y hacer producir a los clientes clave.
- Ganar dinero.
- Mostrar seguridad en momentos difíciles.
- Convencer por poder.
- No perder el norte.

ES EFECTIVO CUANDO...
- Se pierde el norte en el equipo.
- Hay dispersión o ruido.
- Las personas exigen más de lo que dan.
- No se logra la meta.
- Todo toma mucho tiempo.

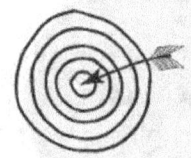

ENTRENAMIENTO PARA SER GUERRERO
- Hacer Kick boxing
- Expresar lo que se piensa en cortas versiones.
- Subir el tono de la voz
- Instalar una postura firme.
- Alimentar la razón.

Científico

Te identificarás como líder científico, si te gustan el método, los procedimientos, la disciplina, el orden y el control en las tareas.

La naturaleza humana de este perfil es de pensamiento e introvertida, lo que le hace ser reservado y político en su actuar. Expresándose a través de datos y hechos, su lenguaje es rico en palabras que en ocasiones no conocemos.

Como las formas, en la relación con las personas, son importantes, lo notarás en su manera de saludar y de vestir que son formales. También, preguntan bastante sobre cualquier asunto que se les comparta, porque la información es su vitamina, sintiéndose confiados en entornos en donde hay estándares, procesos, roles y resultados claros.

Aunque parecen fríos y calculadores, sienten emociones como todas las personas, solo que muestran su emocionalidad con quienes les generan confianza.

El éxito de este estilo, se nota cuando se requiere orden, pasos detallados, investigación, seguimiento, medidas, ahorros y al proponerse desarrollar proyectos de largo plazo con buena calidad.

CIENTÍFICO

Su foco está en el proceso, controla el procedimiento, busca resultados de largo plazo, entiende más razones que emociones, le molesta el incumplimiento, se muestra reservado, bien vestido y de comportamientos socialmente correctos, evita los conflictos y los riesgos, los proyectos detallados de largo plazo son sus favoritos y luce formal.

COMPORTAMIENTO

- Solitario.
- Estudioso.
- Basado en datos.
- Para decidir se toma tiempo.
- Introvertido.

HABILIDADES

Método, orden, disciplina, estructura, predicción.

DEBILIDADES

No flexibilidad, estándares que filtran, juzgador duro, no reconoce fácilmente emociones, siente miedo con facilidad.

PUEDE HACERSE CARGO CON FACILIDAD

- Hacer proyectos.
- Medir riesgos.
- Economizar.
- Estandarizar.
- Investigar.

ES EFECTIVO CUANDO...

- Se quiere llevar a cabo una buena idea.
- Hay desorden y caos.
- Las finanzas no funcionan.
- Los procesos no son adecuados.
- Hay que detenerse para analizar.

ENTRENAMIENTO PARA SER **CIENTÍFICO**

- Hacer listas de tareas.
- Evaluar resultados a diario.
- Hacer crucigramas, rompecabezas, Sudoku.
- Escribir hechos.
- Alimentar la razón.

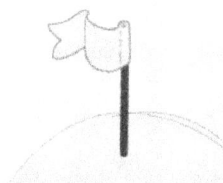

Maestro

El maestro líder está presto a escuchar, le gusta tomar decisiones basadas en lo que opine el consenso del equipo; conoce el sentir de cada persona y se interesa genuinamente por las buenas relaciones.

No es amigo de los conflictos, de hecho los evita o busca facilitar las conversaciones o negociaciones para conservar el bienestar de las personas y de los grupos. La democracia es lo suyo, así que se fija en los valores y principios como estandartes.

Las rutinas le dan seguridad y la alteración de las mismas, lo incomoda. Por eso, para implementar cambios se toma su tiempo, pues necesita fundamento y, sobre todo, medidas de control para evitar heridos en el camino.

Este estilo brilla cuando el ambiente de trabajo está enrarecido o no se logra empatía con los miembros del mismo, ya que su buena disposición y escucha ayuda en el equilibrio y, el ser embajador de paz, armoniza los ambientes.

MAESTRO

Su foco está en la gente, vela por el trabajo en equipo, busca el equilibrio en el equipo, entiende más emociones que razones, se muestra tranquilo y acoge a la gente, le molesta la injusticia, escucha atentamente, los proyectos seguros de largo plazo son sus favoritos y luce ante la gente paternal.

COMPORTAMIENTO
- Cuidador.
- Atento a las relaciones.
- Amable.
- Familiar.
- Introvertido.

HABILIDADES
Escucha, empatía, seguir rutinas, negociar, trabajo en Equipo.

DEBILIDADES
Dificultad para decir NO, tomarse personal lo de otros, no expresar a tiempo, dificultad para salir de la zona de confort, siente melancolía con facilidad.

PUEDE HACERSE CARGO CON FACILIDAD
- Reconocer necesidades de clientes.
- Facilitar conversaciones difíciles.
- Hacer hablar a los que no hablan.
- Conocer a las personas del equipo.
- Ser embajador.

ES EFECTIVO CUANDO...
- Hay diferencia de criterios.
- No conocemos a los clientes.
- Necesitamos conocer la voz del equipo.
- Hacer falta cohesión de equipo.
- Necesitamos mejorar el clima de trabajo

ENTRENAMIENTO PARA SER MAESTRO
- Respirar despacio.
- Ejercitar la escucha.
- Estimular los sentidos.
- Aceptar la diferencia.
- Crear y seguir pequeñas rutinas.

Influencer

Este es el estilo del líder de ideas, que busca cambios y novedades, romper los esquemas, minimizar los pasos y crear un buen ambiente de trabajo. Su juicio es que la gente esté alegre.

Le gusta y se siente cómodo teniendo buenas relaciones y siendo reconocido por los demás. Su naturaleza personal lo hace encantador, creando vínculos con fluidez.

Es extrovertido y deja ver sus emociones con su lenguaje no verbal. Suele aproximarse a las personas para hablar y normalmente se le ve sonriente, provee soluciones rápidas, creativas y de corto plazo y lidera a los equipos desde la confianza, así que empodera con facilidad.

Se hace exitoso este estilo, cuando la organización se estanca y requiere de innovación o aperturas de nuevos mercados, buscando que los miembros de equipo estén unidos y en armonía.

INFLUENCER

Su foco está las relaciones, empodera a los miembros de equipo, busca la novedad, entiende más emociones que razones, se muestra creativo e innovador, le molesta perder protagonismo, crea relaciones fácilmente, los proyectos prácticos y de corto plazo son sus favoritos y luce ante la gente encantador.

COMPORTAMIENTO
- Amigable.
- Sonriente.
- Activo.
- Gracioso.
- Extrovertido.

HABILIDADES
Idear, encontrar soluciones de corto plazo, crear relaciones, innovar, motivar.

DEBILIDADES
Desconcentrarse con facilidad, no seguir rutinas, abrir varias tareas al tiempo, saltarse procesos, aburrirse con la disciplina.

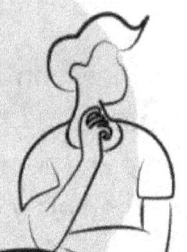

PUEDE HACERSE CARGO CON FACILIDAD
- Facilitar lluvia de ideas.
- Coordinar proyectos de innovación.
- Encontrar posibilidades.
- Dar a conocer servicios.
- Conquistar mercados.

ES EFECTIVO CUANDO...
- Perdemos mercados.
- Necesitamos innovar.
- Perdemos la moral del equipo.
- Queremos crear nuevas relaciones.
- Necesitamos soluciones mediáticas.

ENTRENAMIENTO PARA SER INFLUENCER
- Resolver acertijos.
- Participar en exposiciones del arte.
- Estimular los sentidos.
- Contemplar y registrar detalles de lo vivido.
- Hacer ejercicios de creatividad.

Conociendo las características de cada personaje en su estilo de liderazgo, puedes comenzar a reconocer que cada uno de ellos es funcional para los resultados del equipo. Para qué y cuándo es pertinente asumir cada estilo y como moverte entre ellos sin dejar de ser en esencia quien eres, es más como potenciar como eres para tener más éxito. Continúa leyendo si quieres seguir avanzando.

¿Cómo cambiar de personaje?

Antes de dar respuesta a esta pregunta, creo que es de valor el reflexionar en el: ¿para qué cambiar de personaje o de estilo de liderazgo?

Cuando los empresarios y líderes de equipo responden en mis clases a la pregunta:

¿Cuáles son los desafíos que tienen en la organización? (Independientemente del tamaño, la fase o el sector de la empresa).

Suelo recibir como respuesta uno o varios de los cinco que a continuación menciono, los que he recopilado en quince años de hacer la pregunta repetitivamente:

1. Elaborar y monitorear la ejecución del Plan Estratégico.
2. Innovar en procesos, productos, servicios y mercados.
3. Implementar nuevos procesos o tecnologías.
4. Mejorar el clima de la organización.
5. Disminuir costos y gastos.

Como líderes, contamos con un equipo de trabajo con el que tenemos el desafío de liderar o de contribuir al buen término del mismo. Para lograrlo, cada reto requiere de características del liderazgo distintas, por ejemplo:

Elaborar y monitorear la ejecución del plan estratégico, nos invita a ser más *científicos y guerreros*.

Innovar en procesos, productos, servicios y mercados, requiere de habilidades de los cuatro estilos de liderazgo, dependiendo de la fase de la innovación de la que estemos hablando. Requiere ser *científico* para investigar; *influencer* para idear y crear; maestro para escuchar al cliente y *guerrero* para lograr resultados concretos y medibles.

Implementar nuevos procesos o tecnologías, pide que seamos *científicos y guerreros*.

Mejorar el clima de la organización, demanda de nuestras habilidades del estilo del *maestro* para escuchar y negociar y, del *guerrero*, para implementar los cambios o acuerdos que se definan.

Disminuir costos y gastos, invita a que usemos las capacidades del *científico* para inventariar, analizar, clasificar y evaluar. También requerirá que seamos *maestros* para convocar a los equipos a la acción de cambiar los costos y los gastos.

Cuando hago esta propuesta de transitar por cada estilo de acuerdo con el desafío, escucho en palabras las siguientes reacciones:

- "Pero no puedo ser tantas personas a la vez".
- "Eso es ser como un camaleón".
- "¿Entonces tengo que dejar de ser yo?".

Ser líderes en este tiempo, requiere de nosotros la capacidad de moldear nuestra forma de liderar de acuerdo con las circunstancias, la empresa a la pertenecemos y el tipo de equipo que tenemos.

Insisto en que nuestra personalidad no cambia, por el hecho de que, circunstancialmente, haga uso de habilidades de estilo diferentes del que tenemos por naturaleza.

Si estamos dispuestos a desarrollar dichas habilidades, podemos potenciar nuestro liderazgo y ser más integrales.

Ahora, también existe otra posibilidad, que es la de que nos aliemos con las personas que tengan esas habilidades que nosotros no tenemos, que no queremos desarrollar o que consideramos que nos son difíciles o que nos consumen mucha energía, para lo cual se requiere que se empodere y se avale a dicho aliado para que ejerza su liderazgo.

Es allí en donde encuentro un quiebre grande en mi experiencia pues, para la mayoría de los líderes que se refugian en la posibilidad de empoderar a otro para que haga lo que ellos no pueden hacer, hay una dificultad en permitir que esas personas ejerzan el liderazgo que le es demandado. Es por esa razón, que aunque sea una posibilidad, no la recomiendo tanto, como el reto de entrenarse en las habilidades que nos complementan como líderes.

Si perteneces a la categoría de los líderes que están dispuestos a movilizarse entre los estilos, te invito a seguir leyendo las siguientes sugerencias:

Con base en lo ilustrado en las gráficas de cada estilo, puedes entrenarte en las habilidades de los otros perfiles, a través de las posturas corporales, de las emociones y del lenguaje.

Para lograrlo, de acuerdo con tu estilo natural, la situación y lo que deseas desarrollar, elige por lo menos un ejercicio que implementes por 21 días y observarás cómo, con un solo cambio que hagas, tendrás otras modificaciones como consecuencia.

Ejercicios para ser Guerrero

1. Postura Corporal:

El Guerrero tiene la mirada firme, mira por encima de su hombro, tiene el pecho hacia adelante. Practica frente a un espejo la siguiente postura: pies bien puestos en la tierra, mirada directa, brazos y manos firmes, voz fuerte que salga de la caja torácica, emite sonidos resonantes. Estando de pie, pon las piernas firmes formando un triángulo con la línea recta del piso; con los brazos extendidos hacia abajo, cierra los puños de las manos y lanza puñetazos al aire, emitiendo sonidos de cómo "¡Ah!".

2. Emoción:

El coraje es la emoción que le acompaña cuando de arriesgar y superar obstáculos se trata.

Cierra los ojos por 3 minutos y conéctate con la emoción del coraje, aumenta el ritmo de tu respiración y deja circular la sangre y adrenalina, mientras imaginas los momentos de tu vida en donde lo has sentido (la fuerza para asumir el miedo que nos da hacer algo), circulando por tu cuerpo.

3. Lenguaje:

En su lenguaje utiliza palabras como: resultado, foco, enfoque y riesgo, entre otras.
Toma de tu libro favorito un párrafo y resúmelo en tan solo tres palabras.

Responde por escrito a las siguientes preguntas para conectarte con tu estilo guerrero:

- ¿Cuáles han sido mis desafíos más grandes y cómo los he manejado?
- ¿En qué momentos soy firme en defender mi postura?
- ¿Quiénes son mis líderes Guerreros a seguir?

Ejercicios para ser Científico

1. Postura Corporal:

El científico tiene una postura firme, luce equilibrado y su columna vertebral está recta.

Obsérvate haciendo el siguiente ejercicio: de pie, pon tu cuerpo en una postura firme mirando hacia el frente, levanta los brazos y estíralos frente a ti de tal manera que veas el torso de tus manos y haz diez cuclillas. Siente el equilibrio de tu cuerpo cada vez que subes o bajas en este ejercicio. Descansa por 15 segundos y continua en una ronda de tres veces.

2. Emoción:

La cautela es la emoción que más le acompaña a la hora de tomar decisiones.

Sentado en una silla, coloca tus manos sobre las rodillas y cierra los ojos, escucha el ritmo de tu respiración y, de manera consciente, inhala aire por la nariz y exhala por la boca; de nuevo inhala dejando que aire llene los pulmones y el estómago y, luego, exhala con fuerza por la boca. Si aparece un gemido o un ruido, déjalo salir y, finalmente, inhala, detén el aire por 3 segundos y exhala. Repite este ejercicio 5 veces.

Al terminar, escucha de nuevo tu respiración y siente tus manos, tus pies y el resto de tu cuerpo antes de abrir los ojos.

3. Lenguaje:

Las palabras que utiliza, son un poco más especializadas, por ejemplo: contraste, medida, tamaño y precario, entre otras.

Cuando vayas a dar una instrucción, asegúrate de escribirla antes, detallando el fundamento de la misma:

- Para qué la das.
- Qué quieres concretamente que pase.
- Cómo te darás cuenta de que se llevó a cabo.
- En cuánto tiempo esperas que se realice.
- Con qué tipo de recursos contará quien vaya a ejecutar lo que le pides.

Para conectarte con tu estilo científico, responde a las siguientes preguntas:

- ¿Qué hago cuando tengo en cuenta todos los detalles para hacer algo?
- ¿Cómo me aseguro para disminuir el margen de error?
- ¿Para qué es importante dar tiempo a ciertos procesos? (Por ejemplo, esperar 9 meses para que nazca un bebé).

Ejercicios para ser maestro

1. Postura Corporal:

El maestro luce apacible, con los brazos abiertos, la mirada tierna y en postura de escucha.

En una habitación, en soledad, pon música instrumental suave, ojalá con un piano de fondo, y danza por el cuarto como si estuvieras bailando un vals. Mueve tu cuerpo de manera circular, coloca los brazos como si estuvieses arrullando a un bebé y observa el movimiento suave de tus manos, brazos y cuerpo.

2. Emoción:

La empatía es la emoción que más fácilmente se le presenta a los maestros, cuando escuchan, lo hacen con sus cinco sentidos.

Sal a caminar durante quince minutos como mínimo, por un parque natural y genera conciencia de:

- Los colores que ves, cuántos observas, si cambian o se mantienen.

- Los olores, qué tipo de aromas llegan a tu nariz, qué recuerdos te traen. Trata de saborearlos, pasando la sensación por tu paladar.
- Escucha los sonidos, cuáles son cercanos y cuáles lejanos.
- Siente en la piel la temperatura del ambiente, si es cálida, fría o caliente, si te da gusto o te incomoda.

3. Lenguaje:

En sus conversaciones, les escucharás palabras como: familia, amistad, equipo, gente, colaboración y unión, entre otras.

Escribe una carta que tenga el objetivo de declarar el amor que sientes por tu trabajo y por las personas que te acompañan para lograrlo dentro de la empresa, asegurándote de incluir en la narrativa, emociones, valores, propósitos y sueños. Cuando la releas, verifica que no esté narrada solo desde ti, sino que incluya a los otros y lo que ves en ellos. Cuando te sientas preparado, puedes decirlo públicamente a quienes corresponda.

Las siguientes preguntas, te acercarán a tu maestro para liderar:

- ¿Quiénes son las personas fundamentales para mí en el equipo?
- ¿Cómo les demuestro que las reconozco?
- ¿Cuáles relaciones no funcionan ahora y cómo podría mejorarlas?

Ejercicios para ser Influencer.

1. Postura Corporal:

El influencer tiene una postura flexible, suele estar sonriente y expresa con sus brazos y cuerpo su emocionalidad. Se mueve con cadencia.

Baila para practicar esta postura ambientando el lugar con música caribeña y con mucha percusión. Muévete como quieras, improvisando tus pasos y movimientos. Salta, tírate al piso si es necesario, deja que el ritmo te contagie y haga los movimientos por ti. Házlo con tranquilidad, nadie te está observando.

2. Emoción:

Los notarás alegres u optimistas por el tono de su voz.

Revisa en el calendario de eventos de tu zona y acude a aquellos en donde se presenten comediantes que te llamen la atención o mira en la TV comedias divertidas o júntate con un amigo de esos que te hacen reír.

Visita exposiciones de obras de arte, asiste a obras de teatro o a escenarios en donde se hagan improvisaciones.

3. Lenguaje:

Atrévete a incorporar en tu lenguaje palabras como esperanza, posibilidades, lluvia de ideas, emociones y relaciones.

Escribe el cuento de Caperucita Roja, desde la narrativa del lobo, imagínate como contaría él la historia. Desde su perspectiva, quién es bueno, quién es malo, sé lo más imaginativo posible.

Para conectarte con tu influencer, responde a las siguientes preguntas:

- ¿Recuerdo las mejores carcajadas de mi vida? (Con quienes estaba y de que me reía).
- ¿En qué se parecen una ballena y una oficina? (Trata de enlistar por lo menos 20 parecidos).
- ¿Qué es lo que más atrae de mí?
- ¿Cuáles personas me siguen?

Inicia con base en los estilos que tienes en tu equipo.

Puedes practicar cada uno estilo durante un mes, de tal forma que, en cuatro meses, hayas pasado por todos ellos.

Te sugiero escribir en medio de las prácticas: Lo que fue más fácil y lo que fue más difícil de realizar, para que luego hagas énfasis en ello.

Otra opción es practicar con base en los desafíos que se te van presentando. Este es un nivel más especializado de práctica, pues como pudiste observar antes, en algunas ocasiones requiere de dos o más estilos.

En este caso, escribe las acciones que generaron buenas reacciones del equipo o que facilitaron el resultado.

Conclusión de este misterio.

La gestión del liderazgo está llena de misterios, como misteriosos somos los seres humanos en nuestra forma de actuar en el mundo.

- Que si el líder nace o se hace.
- Que si debo hacerme cargo de la motivación de la gente.
- Que si es la emoción o la razón la que debe estar presente en el trabajo.

Yo creo firmemente, que el liderazgo se convierte en un estilo de vida, cuando entendemos que vinimos a servir para que otros aprendan a desarrollar su potencial.

Observamos que, en el sistema empresarial, todos nos beneficiamos de acuerdo con nuestras habilidades y funciones dentro del mismo, independientemente de cargos o salarios, cuando el bienestar común es nuestro mejor regalo. Estamos llamados a ser líderes y no podremos evitarlo.

En esta primera revelación de misterios del liderazgo, busco generar confianza para hacerlo, sobre todo a aquellos que son convocados por primera vez, a hacerse cargo de un grupo de personas.

Preparo otras revelaciones sobre tres misterios más del liderazgo: comunicación, gestión emocional y visión sistémica, cada una de ellas corta, concreta y práctica.

Sobre la autora

María Cristina Amado Hernández

Nacida en Bogotá, Colombia, y apasionada por conocer al ser humano en sus dimensiones del trabajo y como consumidor, en mis acompañamientos conecto los conocimientos de la experiencia, trabajando dentro de las empresas, con la formación adquirida en los títulos de:

- Máster en Gestión de la Innovación Empresarial de la Universidad de Barcelona.
- Especialista en Psicología del Consumidor de la Universidad Korad Lorenz.
- Administradora de Empresas Hoteleras y Turísticas de la Universidad Externado.
- Coach Ontológica *Newfield* Chile.
- Coach Multidimensional de ESCO México.

Facilitadora de Lego Serious Play®.
Me hice consultora independiente en el 2010, trabajé como líder de equipos dentro de las empresas del sector de servicios por quince años.

Diseñé y enseñé en modo *blender* (presencial y virtual), la cátedra de Fundamentos Conceptuales de Diseño; Producto y Gestión para la Universidad Jorge Tadeo Lozano de Bogotá.

Lideré el equipo de diseño académico E Learning para la Escuela de Formación de la Asociación de Parques y Atracciones Mecánicas - ACOLAP, en Bogotá.

Formé parte del equipo del emprendimiento Cambio de época, entrenando a líderes de empresas, en Costa Rica.

Asesoro a pequeños y medianos empresarios en el desarrollo de habilidades de liderazgo, creatividad e innovación.

Diseño y dirijo el equipo que entrena a los empresarios en el Diplomado de Liderazgo y Gerencia de la Cámara de Comercio de Bogotá.

Web: www.spark-tips.com
Email: Mariacristina@spark-tips.com

Bibliografía

Ángeles Arrien, "Las Cuatro Sendas del Chamán", Gaia Ediciones, 1998, Madrid - España.

Daniel Goleman, Richard Boyatzis, Annie Mckee, "El líder resonante crea más", Random House Mondadori, SAS, 2012, Cundinamarca - Colombia.

Fredy Kofman, "La Empresa Consciente", Editora Aguilar, 2013, Bogotá - Colombia.

John Mackey, Raj Sisodia, *Conscious Capitalism*, Harvard Business Review Press, 2014, Boston - Massachusetts.

Paul D. Tieger & Barbara Barron-Tieger, *"Do What You Are"*, Little, Brown and Company, Boston - Massachusetts.

Renee Baron, *"What Type Am I? Discover Who You Really Are"* The Penguin Group, 1998, New York - U.S.A.

www.ingramcontent.com/pod-product-compliance
Lightning Source LLC
Chambersburg PA
CBHW071839210526
45479CB00001B/205